AF212219

TiERRA TRÁGAME

Versos para sembrar

Gustavo Duch

po·l·len
EDICIONS

Título: *Tierra trágame, versos para sembrar*
Primera edición: noviembre 2024
© Del texto: Gustavo Duch
© De esta edición: Pol·len Edicions sccl

pol·len
EDICIONS

www.pol-len.cat / info@pol-len.cat
Pere Serra 1-15, 08173 Sant Cugat del Vallès

ISBN: 978-84-10255-24-1
Depósito Legal: bDAP6352
Diseño y maquetación: Aida I de Prada (Pol·len Edicions)
Revisión: Patricia Dopazo
Corrección: Pol·len Edicions
Impresión: Novoprint (Catalunya)

Los textos y las imágenes contenidas en este libro se distribuyen
bajo una licencia Creative Commons en la modalidad de
Reconocimiento-No comercial-Sin obras derivadas.

Como un cesto campesino «Tierra trágame»
es un recipiente abierto para tomar, descartar,
guardar, regalar, sembrar... versos, aforismos,
sentencias y romances del pastor.

Y para dispersar, como las semillas.

Contemplar, como las pastoras y los pastores
que es observar en compañía de lo sagrado.

Practico y defiendo el derecho a pecar. Así, cuando muera, seguiré en la tierra.

Al dormir, cuento estrellas.
Al despertar, ovejas.

Los extraterrestres existen, cada día los veo, despreciando a la tierra, sintiéndose por encima de ella.

A mi, que siempre he cultivado con los dedos de mis manos, ahora me dicen que la agricultura digital será un avance.

Se buscan desesperadamente nuevas energías. Pero, la emoción por vivir, ¿no es energía suficiente?

Esta civilización es tan arrogante que, aunque es imposible, cree ser su propia madre.

El vacío de los pueblos es el oxígeno que hace arder los bosques.

Si acatar las normas de urbanidad nos hace civilizados, ¿qué pasa si obedecemos a la ruralidad?

Para ocupar posiciones, las ciudades enviaron una avanzadilla: las urbanizaciones.

La sostenibilidad son solo las muletas para evitar que se desplome la sociedad industrial.

Tecnologías como la electricidad pueden erradicar la oscuridad, pero no implican lucidez.

La tecnología acelera muchos procesos,
también la llegada del colapso.

Defiendo un futuro que nos devuelva donde estábamos.

La sabiduría de los pastores es burlarse de la razón del hombre.

Cuando se compadecen de mi porque no tengo días festivos, me callo para que no sepan... que tampoco tengo días laborables.

En mi libertad, decidimos la montaña y yo.

Cuando se le puso precio a la comida se le puso fin a la agricultura.

Los debates sobre la España profunda
están llenos de argumentos superficiales.

Con el pasar de los años, mi espalda se encorva acercándome a la tierra, a la vez que mi cuerpo va menguando para dejarse enterrar, cual semilla.

Solo muriendo bajo tierra seremos inmortales.

Literalmente, que me trague la tierra.

Lo poco o mucho que sé es que el saber de la tierra sabe mucho más.

No se detecta, pero una plaga de estímulos está erradicando la sensibilidad.

Menos producir. Más reproducir.

Ahora que ya no os pueden vender futuro, podréis vivir el presente.

Menos luchar contra la pobreza y más luchar contra la riqueza.

Más que proponer una renta mínima garantizada, se debería decretar la renta máxima permitida.

Cuando sobre electricidad, nos faltará oxígeno.

A depender de la caza y recolección de petróleo ¿le llamamos progreso?

Progresar es huir de un lugar donde
sabíamos habitar.

Sí que me da la vida.

Sé de una niña de cuatro años que aún no ha visto llover.

La civilización urbana morirá por causas naturales, la civilización rural murió por asesinato.

A ojos del consumismo, soy pobre a jornada completa.

A diferencia de muchos humanos, las semillas tienen una muy rica vida interior.

La misma ciencia que afirma que la Tierra no es plana, cree que, si se lo propone, puede hacer que lo sea.

Cuando escucho decir que no se tiene tiempo ni para cocinar, ni para pasear, ni para festejar, tengo claro que falta tiempo para pensar.

A base de erradicar el saber rural, la ignorancia se convirtió en una plaga mundial.

Para detectar la vida, un milano, una lombriz, unos corzos... hay que dejar de mirar hacia delante.

El futuro que nos proponen está preñado de fealdad.

Añoro cuando la sequía era solo un terrible fenómeno natural.

Qué significativo que se haya perdido el miedo a volar.

Frente a una enfermedad terminal, recetar sostenibilidad es crueldad.

He tenido una pesadilla, me quedaba atrapado en un supermercado.

Los pastores no guiamos a las ovejas, solo perseguimos la belleza.

Los ricos son pobres porque tienen que comprar su comida.

Sin el sudor campesino, las nubes se secan y no llueve.

Querer ser mejor que las abuelas y los abuelos nos hizo peor sociedad.

Cuando alguien exclama, ¡que esto ocurra en pleno siglo XXI! ¿a cuántos millones de ancestros está despreciando?

«Comerse el mundo», «ganarse la vida»...
la única expresión que acepto es «labrarse
un futuro».

El único programa que miro de la televisión es el tiempo, solo me interesa la política.

Esta sociedad solo cultiva, y subrayo, solo cultiva las apariencias.

Ni una sequía como la actual es capaz de marchitar la soberbia de la sociedad industrial.

La vida es un animal salvaje que la razón
quiere domar.

Si existen los pastores eléctricos, ¿yo soy un pastor analógico?

La lluvia, tajante, me ha dicho — Volveré
cuando el capitalismo no esté.

Agricultura: rendir culto a la tierra.

Esta primavera solo llueve por dentro.

Los pueblos de unos cien habitantes
no son pequeños, los demás son muy
grandes.

El tamaño apropiado para una población es aquel que no necesita ni aceras, ni semáforos, ni policía.

La agricultura capitalista ha logrado que,
aunque llueva, le siga faltando agua.

Con un libro, nunca duermo solo.

En la montaña estoy incomunicado pero en la ciudad están aislados.

En vuestras horas libres os encerráis
dentro de una pantalla.

Hay una disciplina que me irrita
sobremanera, la ordenación paisajística.

Y otra que no tolero es la de conquistar montañas.

Ya me gustaría que mucha gente cuidara de la tierra, la piel del planeta, como cuidan de su piel.

Creo en la reencarnación de los cuerpos y en la resurrección de los huertos.

Gracias al progreso, la ayuda alimentaria se distribuirá en coche eléctrico.

Ante las dudas, sigue siempre a tu sombra,
te llevará a la tierra.

Doy gracias a la muerte por recordarme
que pertenezco a la tierra.

De los contactos en la agenda, ¿a cuántos puedes tocar?

Sí, soy un sentimental, mi mente está controlada por lo que siento, nunca al revés.

La cultura dominante es la dominación como cultura.

Soy pagano. No digo que Dios no exista, digo que no habita en el cielo.

El eco del *boom* económico ensordece a la tierra.

Habitar.
Como un río, y en tu boca
desembocar.
Como la arena, y en tus orillas,
escuchar.
Como el viento, y a tus olas
desatar.

A quien me critica por idealizar el pasado,
que sepa que lo que defiendo es dejar atrás
este presente.

Seguros en comunidad, los árboles no saben huir.

El viento sin árboles es mudo, el humano sin árboles es sordo.

La minería es una bomba atómica a cámara lenta.

Mi corriente artística es la futurista, al sembrar estoy pintando un paisaje.

Me gusta viajar. Si no fuera pastor sería
librero.

Como al poeta, si no llueve, se me arruina la cosecha.

El amor es un cultivo de secano.

Se me hace la boca tierra.

Antes que sin petróleo, nos quedaremos sin agua.

Y cuando todo funcione con energía solar, agotaremos el Sol.

Sin agua, la vida se ahoga.

Claro que creo en Dios, es mujer y se llama lluvia.

Al besarla dijo:
—hueles a huerto

Siembro en línea curva, para seducir a la lluvia.

En la tierra la traición nunca germina.

Pongan atención, en las grietas, en
los márgenes, crecen las semillas más
valientes.

Dicen que nuestros territorios están vacíos, pero quienes lo dicen están vacíos de territorios.

Quienes se sienten ciudadanos del mundo,
¿de qué pueblo son?

Los supermercados, visto uno, vistos todos.

Lo campesino, como lo vegetal, no es una forma de habitar el mundo, es una forma de hacer mundo.

Cuando talan un árbol, me parten el alma.

Hay un continente por descubrir. ¡Vista a la tierra!

El paisaje modela al paisano. El paisano modela al paisaje.

Somos gotas de Sol.

La lluvia es una música que olvidó la partitura.

Sin agua, no nacen árboles
sin árboles, no nacen libros.

Creernos dioses nos conduce al infierno.

Somos fetos preñados compartiendo el vientre de una madre.

Ante la tierra me humillo, frente a quien
quiere humillarla, me sublevo ⏚

Para prevenir indencios,
no lean versos.

En la huerta aprendí a plantar cara.

En otros puntos del universo habrá vida, pero solo en la Tierra la vida es tierra.

El único viaje sostenible es volver a la tierra.

Viajo, sí, pero siempre en círculo.

Creo que los móviles son armas de desmovilización.

En todos los sentidos, no hay que ir más
lejos.

Incluso los caducos, ningún árbol
pretende cambiar.

Aunque no tengo útero, cuando muera y sea enterrado, pariré un árbol.

Sin estudios reglados quien más sabe de botánica, sin duda alguna, es la abeja.

El capital
        especula con la tierra.
El empresario, la empresa
        negocia con la tierra.
El agricultor, la agricultura
        cuida la tierra.
El campesino, la campesina
        ES TIERRA.

la ciencia explica
la poesía excita

Ni por granizo, ni por sequía, se pierde la cosecha de armas.

La dura vida, dura.

Escritor o pastor, ambos trabajamos en soledad.

La agricultura militarizada, al polen, le hace llorar.

Si sabes donde ir, prosa
si quieres dejarte llevar, poesía.

Comer, besar y leer
son sinónimos de saborear.

Semilla en mayúsculas se escribe árbol.

Los poemas se leen
mirándose a los ojos.

Descubrir
como desnudar,
es oficio de poetas
y de amantes.

Para las palabras
el diccionario
es una prisión.

Escribir
sin necesidad de decir
eso es poesía.

Si el Pol·len en es el conocimiento, nuestro objetivo es transferir Pol·len
desde las autoras a las lectoras, donde germina haciendo posible la producción de semillas,
y estas, multiplican el(s) conocimiento(s)

En el proceso de elaboración de este libro hemos seguido criterios de ecoedición con el objetivo de reducir el impacto ambiental de la producción y asegurar la aplicación de prácticas de protección del medio ambiente.

Cómo veréis en la página siguiente, tres criterios son verificados por el Instituto del ecoedición y son:

- Producción local: el libro ha sido impreso en su territorio de distribución.
- Uso de papel FSC: el papel está certificado.
- Cálculo y comunicación de la huella ecológica.

Además, en este libro, hemos aplicado los siguientes criterios:

 Ecodiseño. En el diseño de estos libros hemos tenido en cuenta aspectos como utilizar medidas estándares para ahorrar papel o utilizar pocas pastillas de color.

 Gestión ambiental. Trabajamos con organizaciones que disponen de un Sistema auditado de Gestión Ambiental.

 Tintas con aceites de origen vegetal. Este libro ha sido impreso con tintas con aceites de origen vegetal.

 Planchas. Las planchas con las que se ha impreso este libro utilizan sistemas UCR para ahorrar tinta.

 Licencias de obra. Este libro se distribuye bajo una licencia Creative Commons en la modalidad de Reconocimiento-No Comercial-Sin Obras Derivadas.

 Energía renovable. Este libro ha sido impreso a una imprenta que se provee de energía renovable en un 33%.

 Banca ética. Solo trabajamos con entidades financieras definidas como éticas: Triodos Bank y Coop57.

 Buen vivir. En este proyecto las personas están en el centro. Esto quiere decir que hemos tomado medidas de satisfacción, de conciliación, de bienestar, de flexibilidad y de felicidad, combinando las necesidades del   colectivo y de las personas que formamos parte.

 Compensación. Las emisiones de CO_2 equivalente derivadas de esta publicación han sido compensadas a través de un proyecto de custodia del territorio con criterio: El Serradet de Barneres sccl

Si quieres saber todos los criterios de ecoedición que aplicamos en Pol·len edicions en general, visita el web: www.pol-len.cat/ecoedicio.

Pol·len edicions, sccl somos una editorial cooperativa que pensamos la ecoedició como una manera de entender los libros, de verlos y sentirlos, de pensar en los bosques y en los ecosistemas como parte de los libros, de pensar en los libros como parte de nosotras, de pensar en nosotras como parte de una Tierra, común.

bDAP202406352

Con este sello, el *Institut de l'Ecoedició* certifica que este título ha sido impreso siguiendo criterios de ecoedición.

Título: Tierra trágame, versos para sembrar
Editorial: Pol·len edicions
Autoría: Gustavo Duch
Año: 2024
Imprenta: Novoprint
ISBN: 978-84-10255-24-1

MOCHILA ECOLÓGICA

Este cuadro resume el impacto ambiental de este ejemplar, desde su creación hasta que llega a tus manos y acaba su vida útil.

HUELLA DE CARBONO (g CO_2 eq.)	RESIDUOS GENERADOS (g)	CONSUMO DE AIGUA (L)	CONSUMO DE ENERGIA (MJ)	CONSUMO DE MATERIAS PRIMAS (g)
389	38	5	5	149
72	6	1	1	21

Estos son los AHORROS que hemos conseguido generar en este ejemplar aplicando criterios de ecoedición*
* Respecto una publicación común.

 La huella de carbono de este ejemplar es equivalente a viajar 5.26 km en autobús